マルセル・モイーズ著
フルート
アンブシューア，イントネーション，ヴィブラートの練習

増永弘昭訳

シンフォニア

original edition:
© 1996 SCHOTT MUSIK INTERNATIONAL, MAINZ, GERMANY

日本語版：© 株式会社シンフォニア

わが心の友シャルル・ダニーノに捧ぐ

本書は様々なエチュード，特にヴィブラートに関する練習，フルート曲からの抜粋と目的に合った練習——選択，分類され，性格に応じた明確な目標を念頭に編集されています——を含んでいます。練習時間が自由に取れないプロのフルート奏者，習得した技量を維持しようとする人々，新たな技術をさらに身につけようとする人々，そして最後にいつも音楽のことを念頭にフルートを愛好する人々をサポートするためのものです。

マルセル・モイーズ

編者のことば

ニコラウス・デリウス

　マルセル・モイーズは1974年に手書きの原稿のファクシミル版として本書を自費出版しました。それは非常に重要な発言を含んでいるので，それを数カ国語に翻訳し，できる限り多くの人々に読んでもらうことが大切だと考えました。

　おそらく決定版ともいうべきこの版にはすくなくともこの版以前の版が１つ存在します。その原稿はこの版とはいささか異なっています。つまり説明というよりテキストの順序が 1, 2か所異なり——追加した部分が１か所あります——英語訳をベースにしています。私達は比較のためにそれを参照し，重要と思われることを引用し，追加しました。その箇所は＊印で示してあります。

　フランス語のテキストはあらゆる区切りを含めてファクシミルにしたがい，こまかい点で著者の特色のすべてがそのまま残されています。ポール・M・ダグラスの翻訳になる英語版も同様に変更なしで本書に採用されています。それはマルセル・モイーズも了解し，英語版の付録として自分で書き足し，ファクシミル版で出版されました。訂正は両方の版とも明らかな書き間違いがある箇所だけにとどめました。ドイツ語訳はフランス語のテキストの性格および著者の考え方にできる限り沿っています。フランス語のオリジナルに度々出てくる魅力的なユーモアは翻訳では到底再現できるものではありません。３カ国語のテキストを並べれば，比べてみようという気が起こると思います。

　楽譜はすべてモイーズが書き残した通りに移し替えられました。訂正は，音楽を正しく記譜するために，あるいは引用に基づくオリジナルテキストが訂正を必要とする場合だけに限りました。モイーズがつけた演奏表示は，勿論モイーズの解釈として変更されていません。

　私は没後出版された本書を私に教えて下さったロバート・エイトケン氏に感謝します。本書の準備に当たって一方ならぬ援助をしてくださったモイーズ一家，骨の折れる仕事をして下さった出版社の仲間，その他なにかと御指導をたまわった多くの方々に深甚の謝意を表します。

エチュード［第3番］

M.ライヒェルト／M.モイーズ

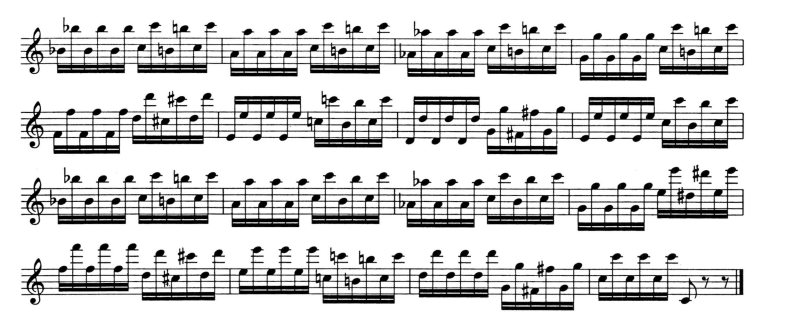

ダブル・タンギング M.ライヒェルト / M.モイーズ

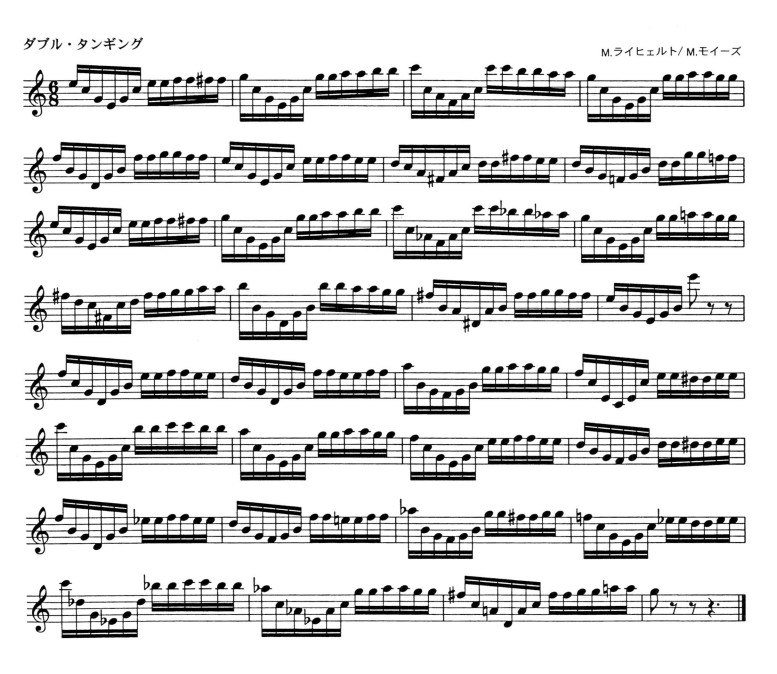

ダブル・タンギング

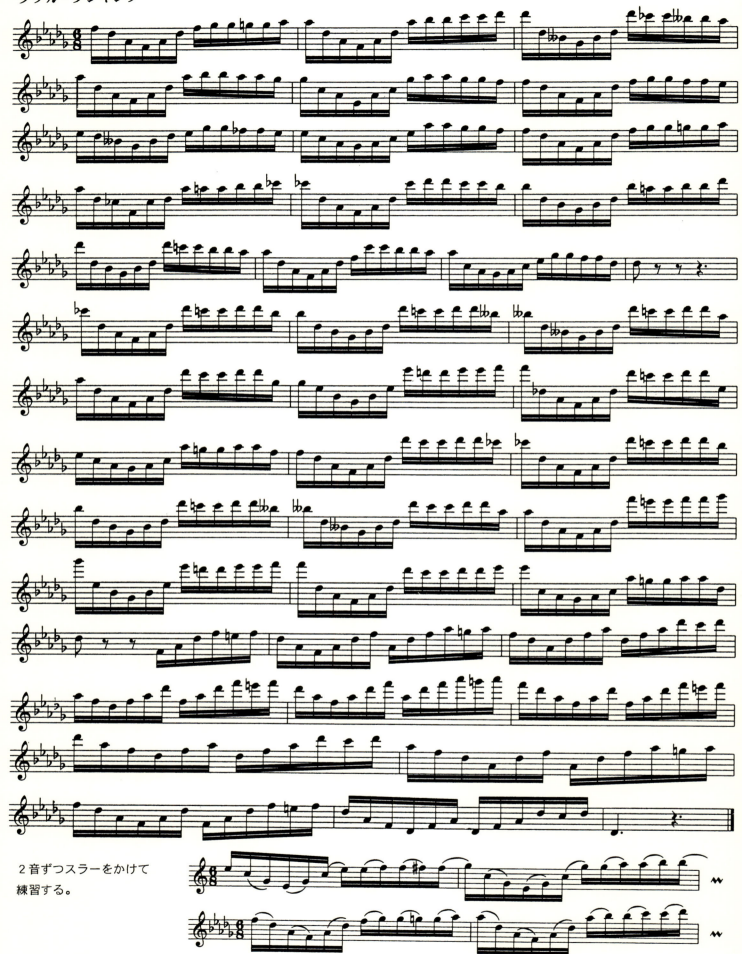

2音ずつスラーをかけて
練習する。

毎日の練習［第5番］　　　　　　　　　　　　　　　　　　　　　　　　　　　　　　　M.ライヒェルト/ M.モイーズ

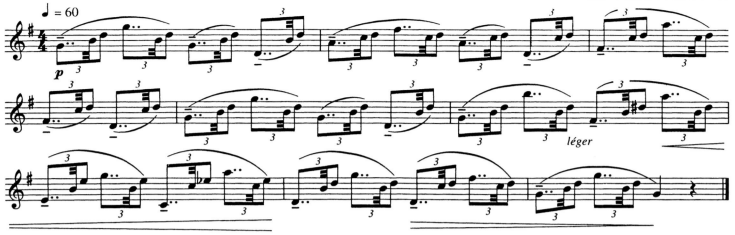

1オクターヴ高くして繰り返す。

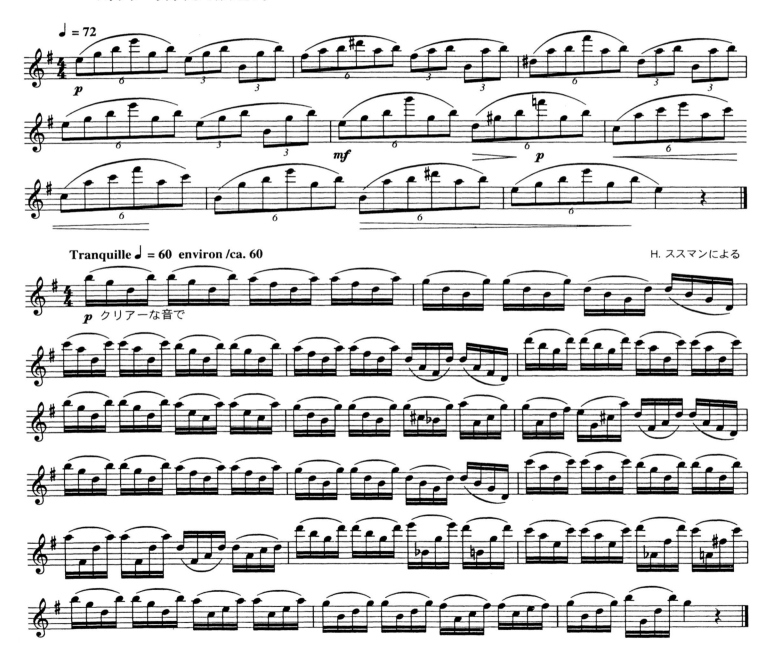

H. ススマンによる

柔らかくクリーンなアタック，生き生きした音で表情豊かに
（しかし同じスピードのヴィブラートで1音ずつ音を押してはならない）。

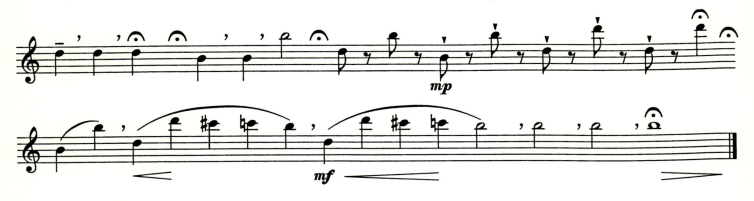

この練習は一つの提案にすぎない。ほかに様々な練習が可能である。

はげ山の一夜
M. ムソルグスキー

ファンタジー
G. フォーレ

エチュード [第3番]
M. ライヒェルト/ M. モイーズ

f と *p* で練習する。メロディーは常によく歌い，前打音は速くて柔軟なスラーをつけて正確，軽快に吹く。

f または *p* で練習し，低い方の音は常に際立たせる。

魔弾の射手による ファンタジー

第6変奏曲

Th. ベーム

毎日の練習 [第5番]　　　M.ライヒェルト / M.モイーズ

アンブシューア（音），イントネーション

　誰もが美しいという音を正確に定義することは難しいことです。一方，名演奏家が（必要ならば）ある音が絶対音Ａ，メロディーの中の他の音，さらにその音が属する和音と聴き比べて高すぎたり低すぎたりすることを証明することはずっと簡単です。

　私は尊敬する故ポール・タファネル先生から「フルートはあらゆる管楽器の中で最も簡単な構造原理をもった楽器です」と何度となく聞かされたものです。

　響きを生み出す管とフルート奏者の間にはなにも介在しません。フルート奏者は唇──形，柔軟性，コントロール──によってエア・リード（息の帯）の振動を作らなければなりません。

　フルート奏者の身体的適性──唇，歯，顎，そして皮膚の状態（柔軟性，血行）は非常に重要な役割を果たします。こういう理由から，歌口の孔に対する唇のかまえ方（アンブシューア）を初心者に正確に示すことは容易ではありません。

　歌口の孔をふさぎすぎると，音はか細く，こもって，音程が低くなりすぎます。歌口の孔を開けすぎると，音はきたなく，単調で，生気がなくなります。どちらの吹き方も先生と生徒の耳を満足させません。生徒は自己流で──コントロールの基本をわきまえないで──乱暴にアタックし，力まかせに吹き，唇を過度に緊張させがちです。

　誰にでも支配本能が生まれつきそなわっているので，柔軟性を失って，力まかせに吹く傾向があります。柔軟性のない力は，よい音を作ることはできません。

　響き，音色，生気を探し求めること，そのために唇の軽い震え（ほとんど聞き取れないヴィブラート）を用いること，このような方法はすべて厳格なメソードよりもむしろ豊かな経験によって決められます。響きと音色を見つけるためには，まず初めに比較的出し易い音を吹いてみます。上述の軽いヴィブラートは，唇がまったく柔軟な場合にのみ可能だからです。こういう様々な問題解決のためにはすぐれたエチュードがあります。

　顎は音を矯正する場合に重要な役割を果たします。なぜならば，顎は非常によく動くので，息の方向を変えることができるからです。しかしこの点に関して深く追求するのはこの辺でやめ，完全な教則本にその席を譲るべきでしょう。私はこの点に関して口をすっぱくして意見を述べてきました。ですから，平均的な能力を持ったフルート奏者は，練習，根気，すこしの工夫，そして適切な練習を通して訓練された唇によっていつかきっとよい音を作り，そして完全に近いイントネーションを身につけることができると私が保証することは許していただけるでしょう。私は有能なフルート奏者が並はずれて美しい音を吹くのを聴くと，いつも下記の順序で次の質問をしたものです。

1．あなたはどこでその唇を手に入れましたか。
2．誰のもとで勉強したのですか。

3. あなたはどんな練習をしたのですか。
4. アンブシュアの特徴を調べてもかまいませんか。

　私はフルートの品質にあまり関心はありません。立派なフルートを持ちながら演奏の下手な金持ちのアマチュアが大勢います。‥‥いずれにせよ，手が触れるとほとんどの金属は振動を止めてしまうのです。

　あらゆる管楽器の場合，よい響きと言うものは，息，唇，リード，マウスピース次第でよくもなれば悪くもなります。

　これらのあらゆる要因の中で，すくなくともフルート奏者にとって最も重要なのは唇の柔軟性です。この柔軟性は音の美しさのためだけでなく，
－大きな音程を柔軟につなげるため，
－様々な変化に対応するため，
－メロディーラインをそろえるため，
－音符相互の間，音符のグループ相互の間のスラーを均等にするため，
－よい発音（特に楽器の両極端の音）を身につけるため，
－最後に音質，クレッシェンドとデクレッシェンドにおけるイントネーションをコントロール
　するため，
にも必要です。

　肺は負担をかけないで動かさなければなりません。喉と唇は空気の流れを妨げないように，そして同時に常に息の量とスピードが最適であるようにコントロールしなければなりません。フルートの空気の流れは水の流れにたとえることができます。水は，圧力がゴムホースの性能に正しく合っていれば，柔軟性を保って流れます。フルートの場合は，この水の流れを乱さないように横からそっと息を吹きつける感じです。もし唇によって安定した条件で息が柔軟に流れると，この息の流れは振動を始めます。私達はよい響きのためにほとんどすべての必要な要素を持ってます。音が美しければ美しいほどますます自然な共鳴は表情豊かに発展していきます。自然に響かないものを人間が作為的に響かせることはできません。それは単なる無駄な骨折りにすぎません。

　フレーズの各音の揺れをより速くしたりより遅くしたりするだけでその音を表情豊かにすることができると思うのはいささか単純です。

　弦楽器のヴィブラートを真似するために長い音の所で規則的により速くしたりより遅くしたりして振動させる技術的な練習をするのは間違いです。こういう振動を多かれ少なかれ強調すること，それどころかそれをそろえること——それは最低です——はヴィブラートではなく，揺れです。喘ぎの方がまだましです。それはもはや心情にかかわるものもではなく，単なる体操にすぎません。

　1秒間に3つ，4つ，5つ，そして7つさえも数えるこの偽のヴィブラートは曲のフレーズの表情内容をどうしても破壊することになります。様々な長さの木片が嵐の海の中で荒波にも

まれているのと同じように，響きも揺れのまにまに無秩序に漂ってしまいます。

　なぜヴィブラートの問題を解決するためにこのような安易な方法に追随する人が大勢いるのか理解に苦しみます。人間の弱さ，怠け癖，愚かさからでしょうか。いずれにせよこれは演奏家としての役割をいささかはきちがえています。

注：私はこのようなごまかしの表現の信奉者であったことは一度もありませんが，もしこういうことになれば，生徒に山へ行って山羊と一緒に数カ月間暮らしなさいとためらわずに勧めるでしょう。山の空気は澄んでいて，酷使した肺には何にも代えがたい静養になります。山羊は完璧な先生として一日中力強く色々な声でメーメーないています。山羊のなき声は非常に伝染しやすく，気がつかないうちにテキサスなまりやマルセイユの‥‥これよりよいことを夢みることができるでしょうか？

1905年のヴィブラート

　ヴィブラートがパリの管楽器奏者の間に現れたのは約70年前で，当時は cache misère（悲惨を隠すもの）と言われました。

　私は1900年のすこし前に音楽の勉強を始めました。ヴィブラートの出現がもたらした数多くの議論を興味をもって研究しました。ですから，私には非常に正確な展望をする資格があると思います。おそらくこういう経緯のお陰でメロディー自体を通して音楽的表現を見出すよう私を元気づけた理由を理解することができたのだと思います。そしてそれはまた皆さんが自分の道を納得して選択することができるのに役立つと思います。特に管楽器奏者の間ではヴィブラートの出現は熱狂的に受け入れられるどころではありませんでした。

　有能な楽器奏者は長期にわたって一生懸命努力し，きれいな，安定した，柔軟な，特徴のある音をあらゆる音域で見つけようと努めました。そして彼等は音色が完璧であることを最高の芸術とみなしました。長年にわたってこういうパルチザン（ゲリラ的な勢力）である弦楽器奏者はヴィブラートの盲目的な支持者の攻撃に抵抗して成功を収めました。なぜかといえば，弦楽器奏者が下手だったからです。なぜでしょうか？

　歌手の一部と特に弦楽器奏者の場合，ヴィブラートの質に拘泥しすぎ，おまけに大抵の場合みさかいもなくヴィブラートを用いて音楽のことに時間を割かなかったからです。

　大抵の管楽器奏者の場合に，ヴィブラートは山羊のなき声のような震え，聴く人に非音楽的なことを想起させてしまうような継続的な喘ぎとして現れました。

　皆さんはこの時代のことを全く御存知ありません。「信じられない」，「すばらしい」という言葉はほとんど使われませんでした。「すばらしい」という言葉はスポーツにだけ用いられました。すぐれた楽器奏者には「なんと美しい音でしょう」，「なんとすばらしい芸術家でしょう」とよく言ったものです。

　親友，フェルナン，私は君を証人として呼びます。私はしばしば君のことを思い出します。私の手に負えない性質，ほとばしり出る熱狂をおさえるよう注意してくれたことにいつも心から感謝しています。

　フェルナン・ブラシェは驚嘆すべきアンリ・ルフェーブルの弟子で，オペラ座とコンセール・ラムルー・オーケストラのソロ・クラリネット奏者でした。当時私がラムルー・オーケストラで4年間彼と一緒に演奏するとは想像もしていませんでした。

　フェルナン・ブラシェはギャルド・リパブリカンのソリストでした。退職後，ケーンのコンセルヴァトリウムの教授になり，すぐれた生徒を育て上げました。その中には有名なクラリネット奏者ランスロがいます。

　弦楽器奏者の中にすら頑固にヴィブラートを拒否する人がいました。彼等が，新しい流派の名手達の演奏の後に「皆さん，我々の時代にはあんなにヒステリックではありませんでした」

とか「ヨアヒムやサラサーテ達はヴィブラートをかけてはいけないとは言っていませんよ」などと議論しているのを聞かなければなりませんでした。

ヴィブラート？それはコレラよりも悪いものでした。ヴィブラートの若き盲目的信奉者，例えば若いフルート奏者は犯罪者とみなされました。審判は最終的で，異議を申し立てることはできませんでした。いかに度々私はパブやオーケストラ・ピットで意見が交わされたのを聞いたことでしょう。

―例の奴，聴いたかい？
―聴いたよ。
―うまかったかい？ご感想は？
―いいや。ヴィブラートをかけているよ。

ギロチンのように情け容赦がありません。寒気が背筋を走ってぞくっとします。人々はなにを待ち受けていればよいか知っていたのです。もしヴィブラートをかけていたら‥‥。

これが1905年のヴィブラートだったのです。

一部のフルート奏者によって擁護されているいわゆる無意識のヴィブラートは弦楽器のヴィブラートの色つやのない貧弱な真似でしかないのでしょうか？

弦楽器：音は右腕によって作られ，ヴィブラートは左手によって作られます。
管楽器：音とヴィブラートは同じエア・リード（息の帯）によります。

弦楽器：音とヴィブラートは同時にですが，全く独立して作られます。
　　　　音はフォルテで，ヴィブラートは軽くも強くもできます。
　　　　音はピアノで，ヴィブラートは強くも軽くもかけられます。
管楽器：音とヴィブラートは同時に作られますが，発生した時の条件に左右されます。
　　　　音がフォルティッシモならば，ヴィブラートは強調されて強いです。
　　　　音がピアニッシモならば，ヴィブラートは軽くて控えめにというように表現の中に隠れます。なぜなら，メロディーの中の各音はすべてが同じ価値を持たないからです。

弦楽器：ヴィブラートは実際に音を直接補完するものです。それは音を美しくし，いきいきとさせます。
管楽器：ヴィブラートはただ偶然に補完するにすぎません。ヴィブラートはほとんど何も強めません。それは荒々しくよそおい，かき乱し，吹かれた音のデュナーミクに左右されます。

弦楽器：非常に重要な音。極端なフォルテや極端なピアノでもヴィブラートは音の安定性を損ないません
管楽器：特にフォルティッシモでは音が波うちすぎてしまうことがしばしばあります。

弦楽器： ヴィブラートの速さはほとんど無限（ヴィブラートの長所）です。

管楽器： ヴィブラートの速さは非常に限定され，リズムをとりすぎてヴィブラートをかけると，波のうねりのようなヴィブラートの原因になります（ヴィブラートの短所です）。

弦楽器： よいヴィブラートすなわち一種の振動は，ただ音のピッチに非常にわずかな影響を与えるだけです。それを感じさせるだけなのです。それは音自体が直接表現する印象を与えるのです。

管楽器： 偽のヴィブラートは表現上の実際の効果はありません（それは音が不安定であるような印象を与えます）。したがって演奏者がいくら器用でも，表現上の効果は常に同じです。フォルテとピアノは常にエア・リード（息の帯）の奴隷です。

　特別な練習によって唇を柔軟にし，皆さんの音を育てましょう。そうすれば（天の恵みのように）音と皆さんが（もう一つの声帯を得たかのように）一体となり始めます。この練習を根気よく続けましょう。肺と横隔膜が，皆さんの気持ちに中から刺激されて，皆さんの音楽的，技術的努力に感応し始めるのをだんだんと感じ始めます。美しい曲にも名演奏家にもこと欠きません。歌手，ヴァイオリン奏者，ピアニストにも‥‥。私の言うことを信じて，皆さんはヴィブラートに関してはとりわけ歌手からインスピレーションを得て下さい。

　高音域の音の均等性を身につけるための提案：
各練習は冒頭に示された全音 を以下 － のついている音の模範として使わなければなりません。この音は最高の音質，すなわちクリアーで透明な，生き生きした音色感が得られるよう吹くことが極めて大切です。このような音質が得られるかどうかは，演奏家の才能と想像力にかかっています。

　この模範の音は純粋な，明確なアタックによって作り，常に柔軟性をもっていなければならないということに注意しましょう。

注意： ﾟのついた経過音 は前にある－のついた音と同じ音質を持っています。いずれにしてもこれは私の長い一生の間で私に最高の喜びを与えてくれた原則です。

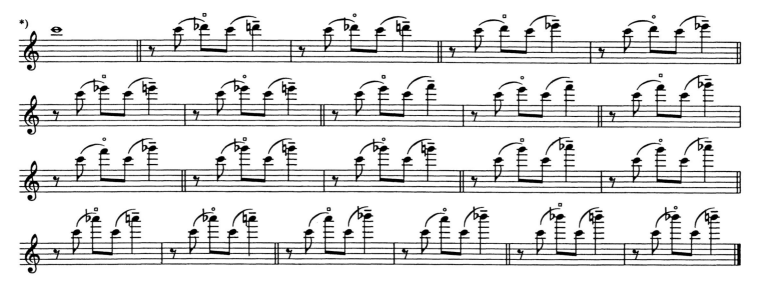

この練習は各グループを2回ずつ同じように練習する。

▫と◦の印はモイーズのオリジナルと同じである。モイーズはこの印についてまったく説明をしていない。

低音域でよく響く豊かな音を得るためには，この練習を21〜22頁の高音と同じ方法で練習するだけでなく，＜によって示された方の音を際立たせ，柔軟で表情豊かにするよう演奏する。

エレジー

Molto adagio

G.フォーレ

魔笛　W. A. モーツァルト

ああ，私にはわかります。永遠に過ぎ去ってしまった
愛の幸せ 1
至福の愛の時は私の心には，
もう二度と戻らない。⇨

⇨見て，いとしのタミーノ，
あなただけのために流れる涙を。
あなたがこの愛の憧れを感じないなら，
安らぎは死の中にしかない。

デュポールのメヌエット
[第6変奏曲]

W. A. モーツァルト / M. モイーズ

[*] 編者の注：

（モーツァルトのオリジナル）

[**]

（オリジナル）

毎日の練習 [第5番]

M. ライヒェルト / M. モイーズ

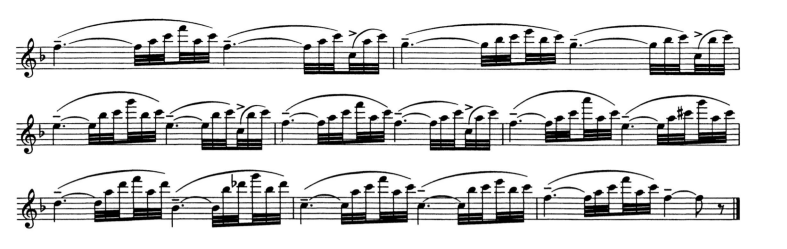

フルートとオーケストラのためのロマンス

C.サン-サーンス

このすばらしいフレーズは音のコントロールのために最高の練習である。自由で，朗々たる音で，音を保って，うねりをつけず，静かで明るい気持ちで演奏する。

エコセーズの旋律によるファンタジー

Th. ベーム / M. モイーズ

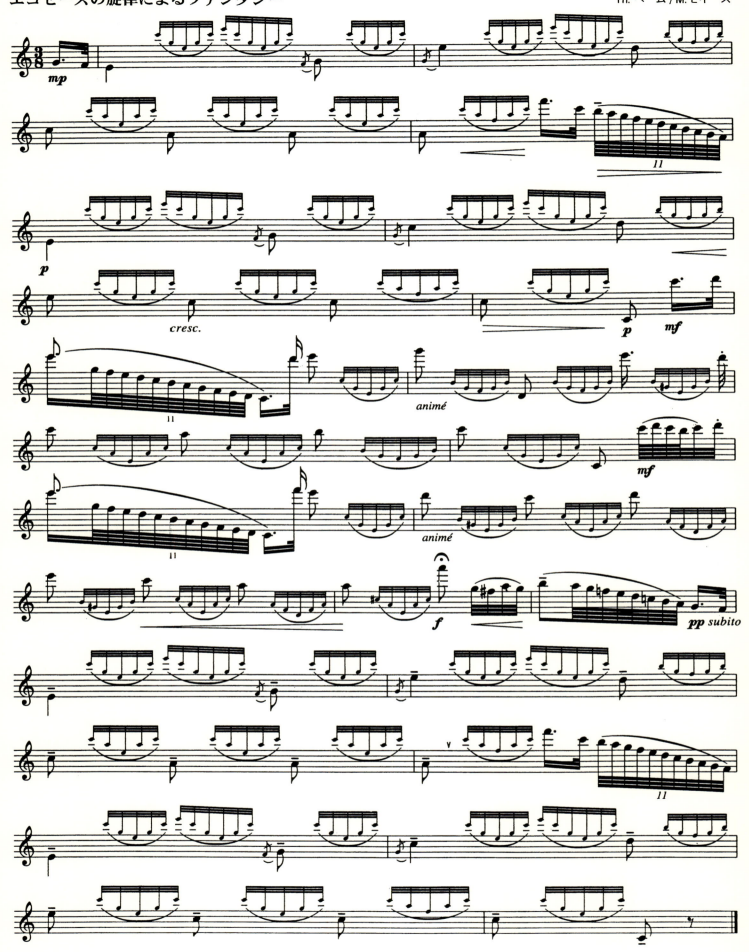

エチュード [第3番]

M.ライヒェルト/ M.モイーズ

p で柔らかく，32分音符は軽快で柔軟に。

毎日の練習 ［第5番］

M.ライヒェルト／M.モイーズ

複付点8分音符は保持して演奏する。

モーツァルトのテーマによるヴァリエーション
第5変奏曲

付点音符は優美に歌い，短い音符は非常に軽快に。

R. ハーン

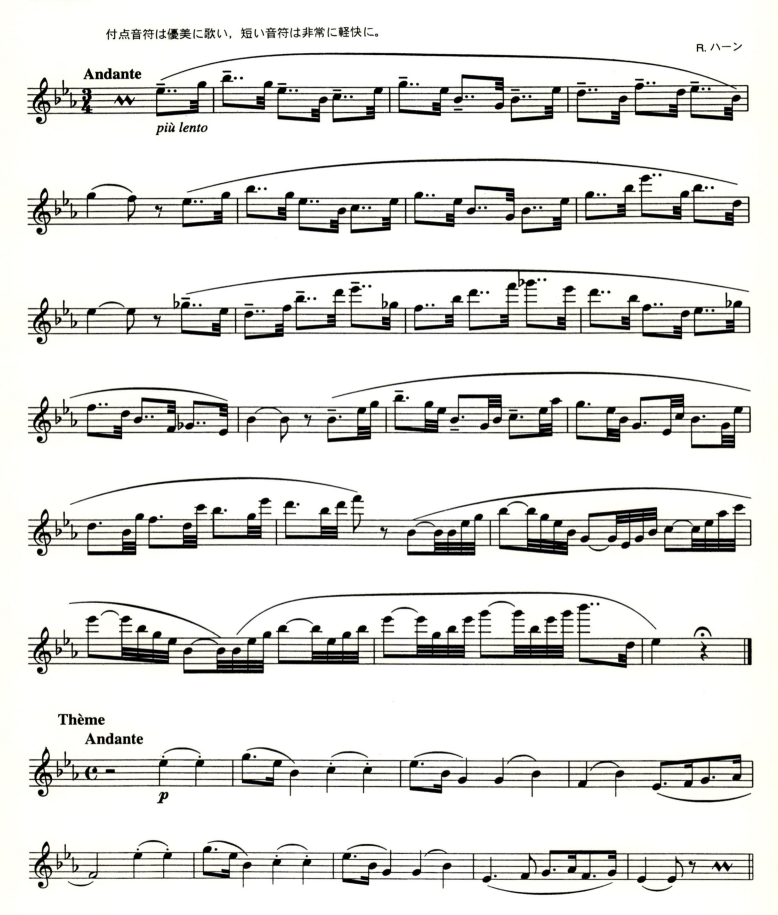

毎日の練習 [第5番]

M.ライヒェルト / M.モイーズ

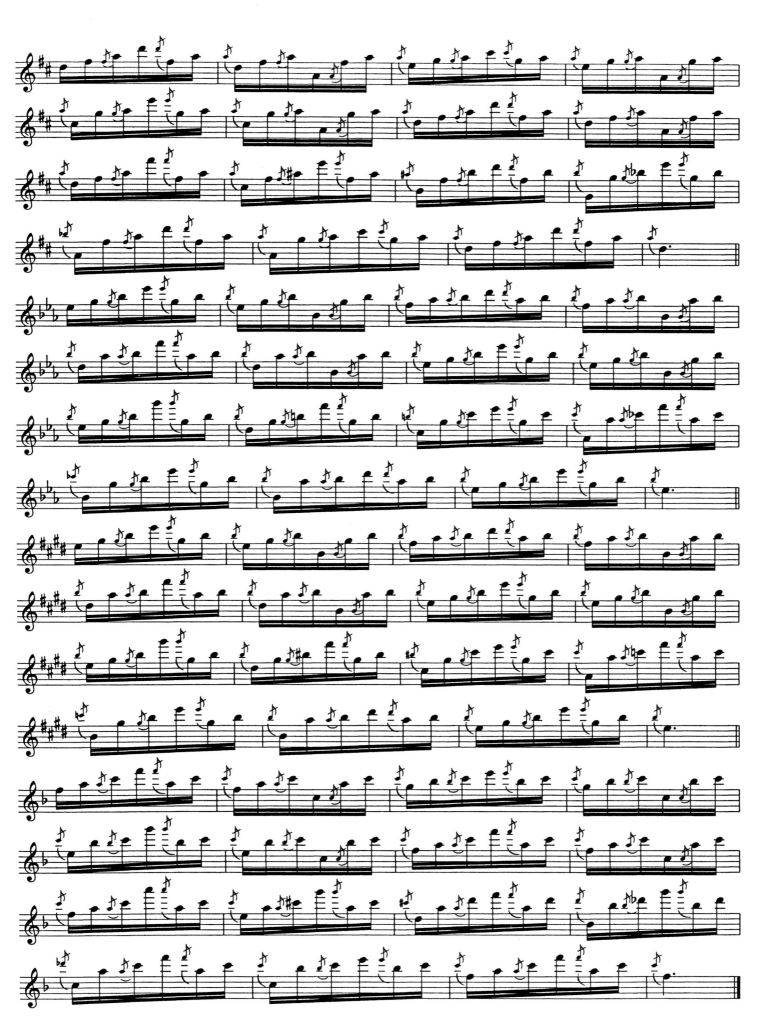

ヴェニスの謝肉祭

第7変奏曲

L. ロレンツォ

[L. ロレンツォ / M. モイーズ]

マルボローの旋律によるファンタジー

第1変奏曲

P. A. ジュナン

エチュード

H. ススマン / M. モイーズ

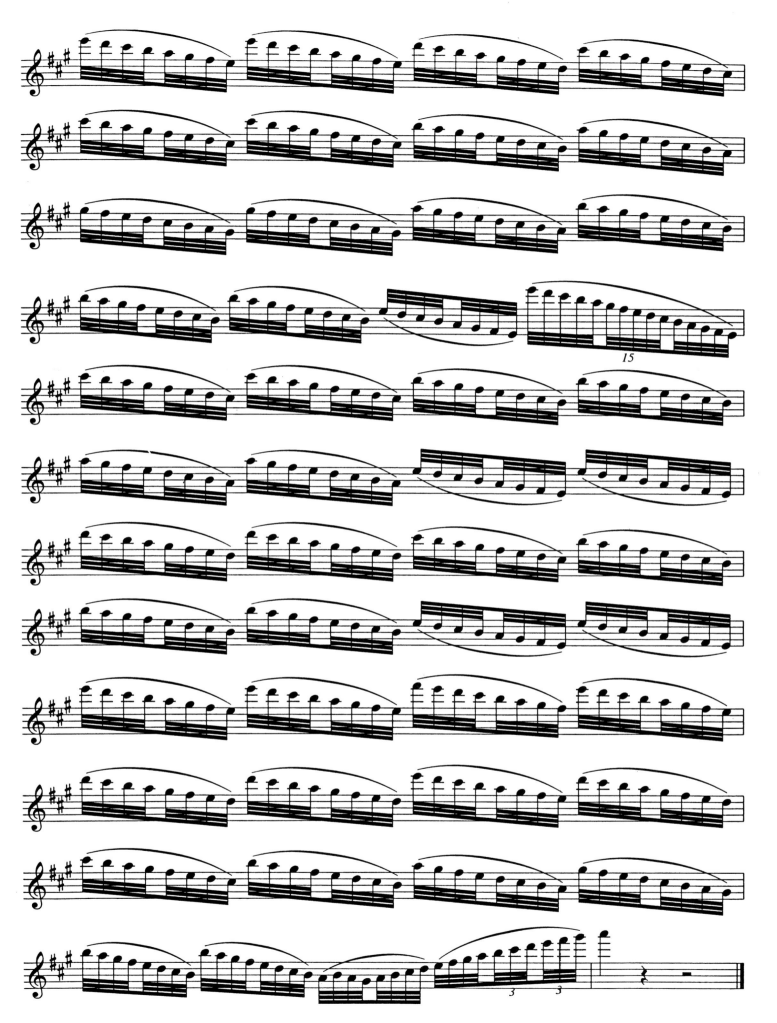

マルボローの旋律によるファンタジー

第2変奏曲

P. A. ジュナン

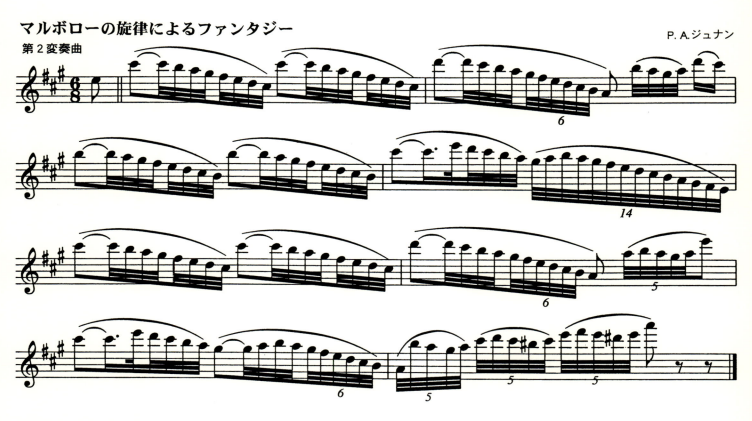

エチュード［第3番］

シングル・タンギングとトリプル・タンギング

M.ライヒェルト / M.モイーズ

グランド・ソロ［第13番］ J.-L. テュルー

シューベルトの旋律によるファンタジー Th.ベーム / M.モイーズ

エチュード [第3番] M.ライヒェルト／M.モイーズ

アルマンドの旋律によるヴァリエーション

Th. ベーム / M. モイーズ

いとしい人が私たちに笑いかけてくれなくなったら，
私たちを幸福で満たしてくれるものがあるだろうか。
歓喜で満たしてくれるものがあるだろうか，五月の静かな夜が
そのヴェールで花の輝きを暗く覆ってしまったら。
もしかして，いとしい人が私たちに笑いかけてくれなくなったら，
私たちに幸せは残されているだろうか。
いとしい人が私たちに笑いかけてくれなくなったら。

ドン・キホーテ

ドン・キホーテは両手を交差させ，この世にあらぬ風情で祈り始める（彼を首吊りの刑にしようとする盗賊に囲まれている）。

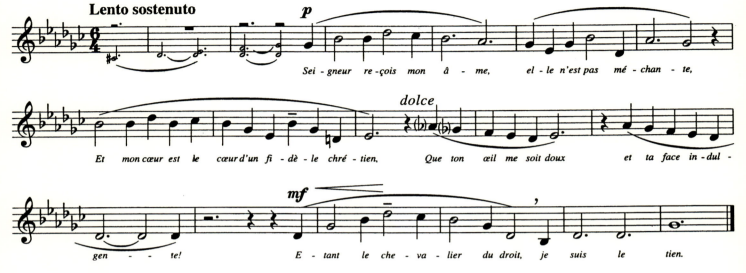

おお，主よ，あらゆる罪を免れた我が魂を守り給え，
誠実にして穢れなき我が心を庇護し給え。
あなたの優しいまなざしを，慈愛に満ちたかんばせを！
常に正義をなした私はあなたのもの。

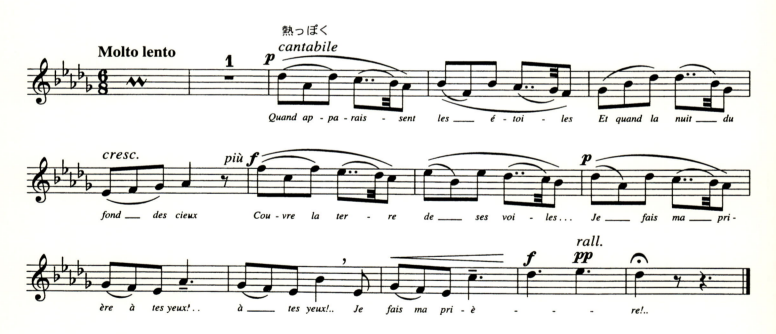

あらゆる星が明るく輝く時，
月が夜を追い払う時，
厚いヴェールがすべての様相を変える時，
私はあなたのことを思う，いとしい人よ！

*）すべてのテキストは E. フルジンスキー，C. エイヴリングによるドイツ語版，英語版（パリ，1910年，ウジェール）によった。

オベロン C. M. von ヴェーバー / M. モイーズ

このエチュードはいろいろなテンポで練習する。2音の最初の音は常にすこし響かせる。

この種のファンタジーには唇の間から舌を出す比較的軽いスタッカートが特に適している。2音の最初の音をよく響かせ、2番目の音はより小さく短い音で。ボールが跳ね上がる様子をイメージすると非常にうまくいく。

ファンタジー Ph. ゴーベール

エチュード［第3番］ M.ライヒェルト／M.モイーズ

p 非常に軽快に、アクセントはつけずに。

オベロン

C. M. von ヴェーバー / M. モイーズ

前打音は正確に軽くアタックする。テヌート記号のつけられた音は優しく，例えば遠くから聞こえるホルンの音を真似するとよい。

シューベルトのファンタジー

Th. ベーム / [M.モイーズ]

ヴェニスの謝肉祭

オベロンと同じ方法で練習し，演奏する。

P. A. ジュナン

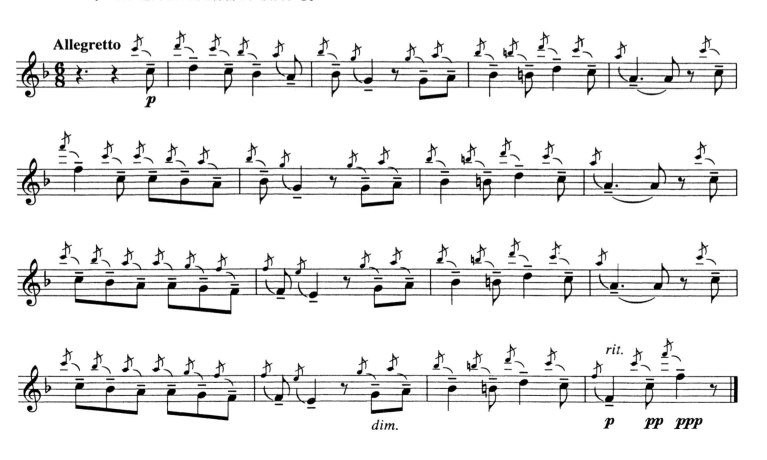

エチュード [第3番]   M.ライヒェルト／M.モイーズ

オベロン

C. M. von ヴェーバー / M.モイーズ

軽快に

エチュード［第3番］

トリプル・タンギング

M.ライヒェルト/ M.モイーズ

Fis-Dur 嬰ヘ長調

トリプル・タンギング

g-Moll ト短調

As-Dur 変イ長調

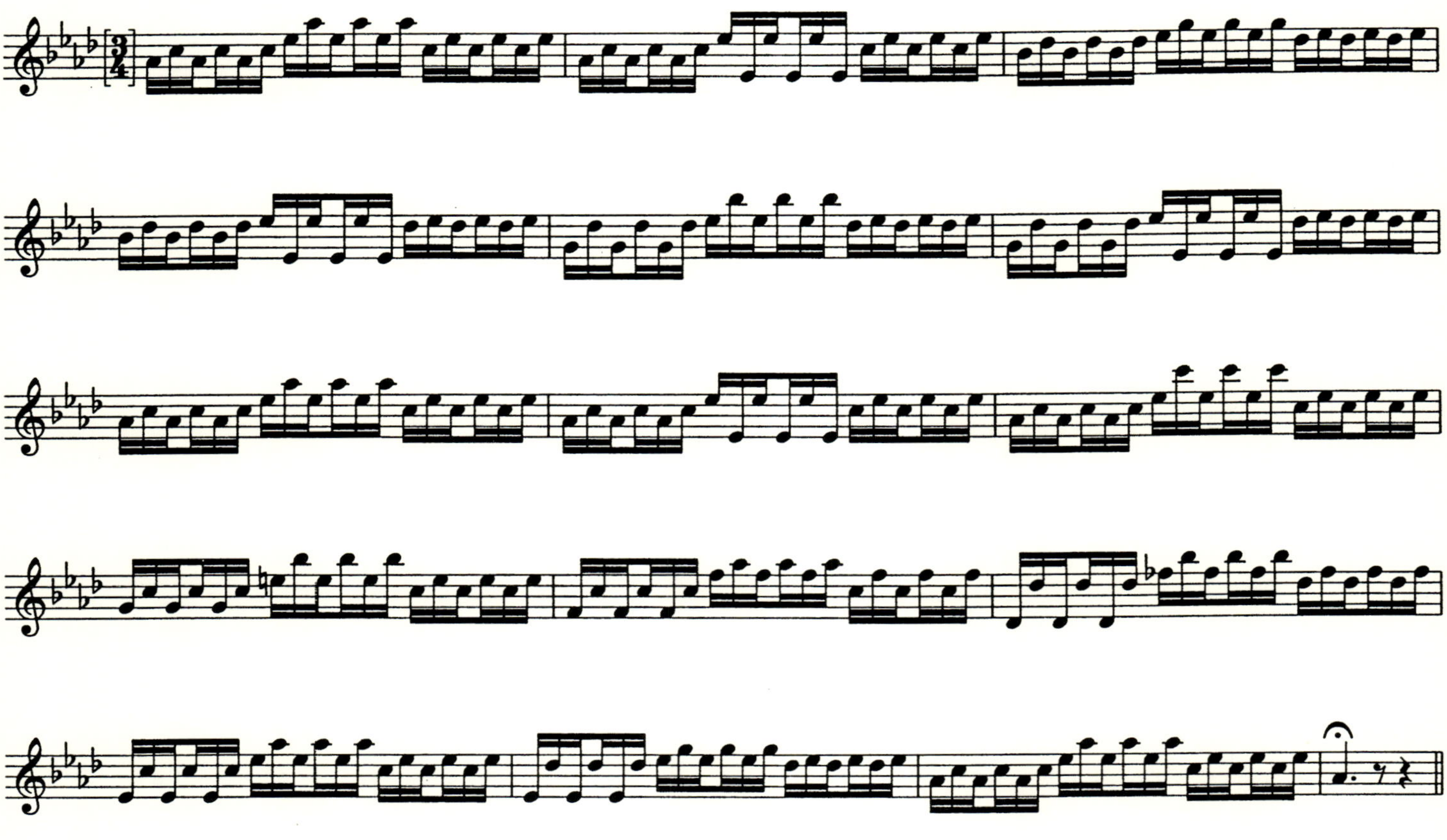

a-Moll イ短調

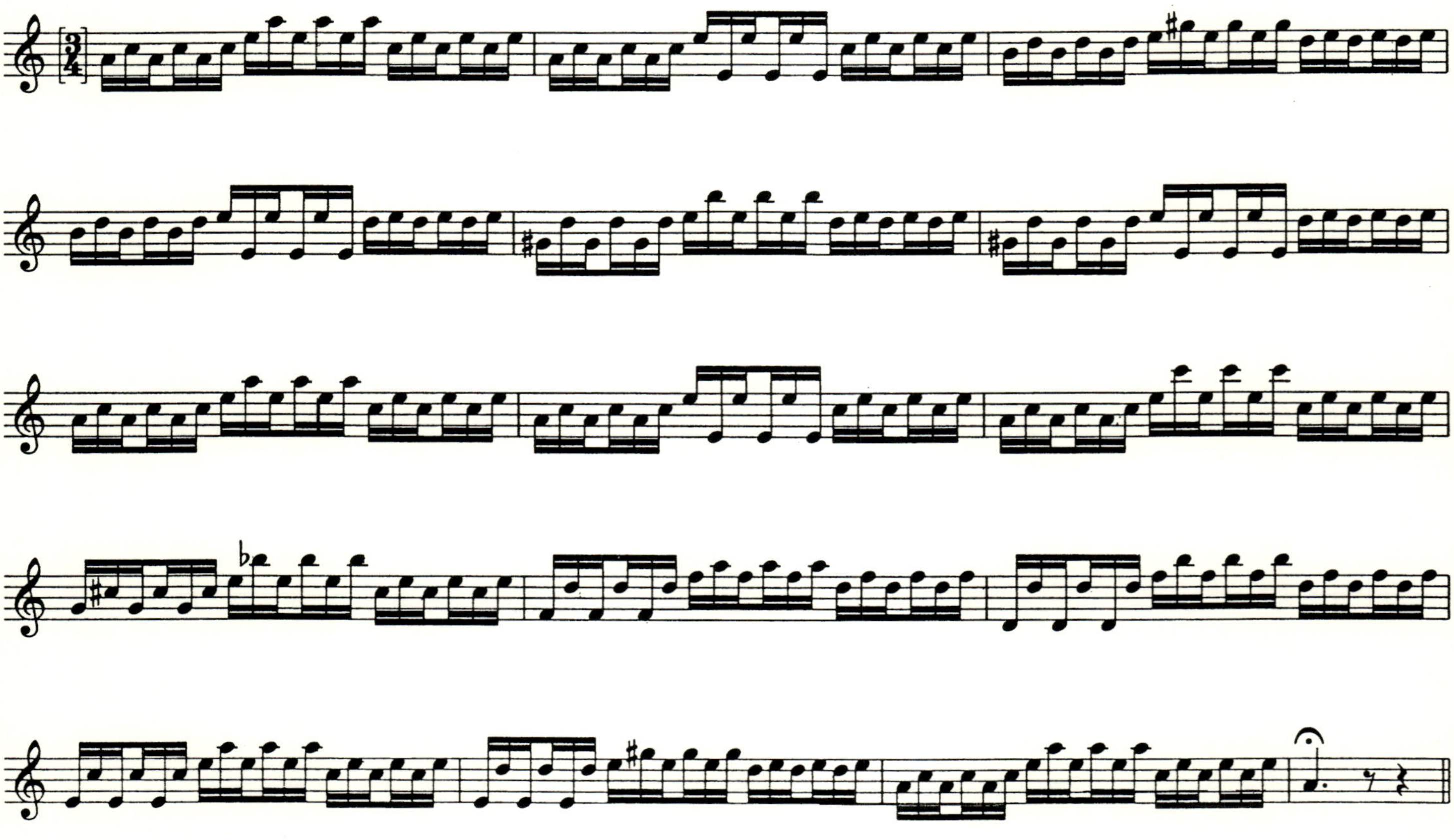

B-Dur 変ロ長調

h-Moll ロ短調

C-Dur ハ長調

cis-Moll 嬰ハ短調

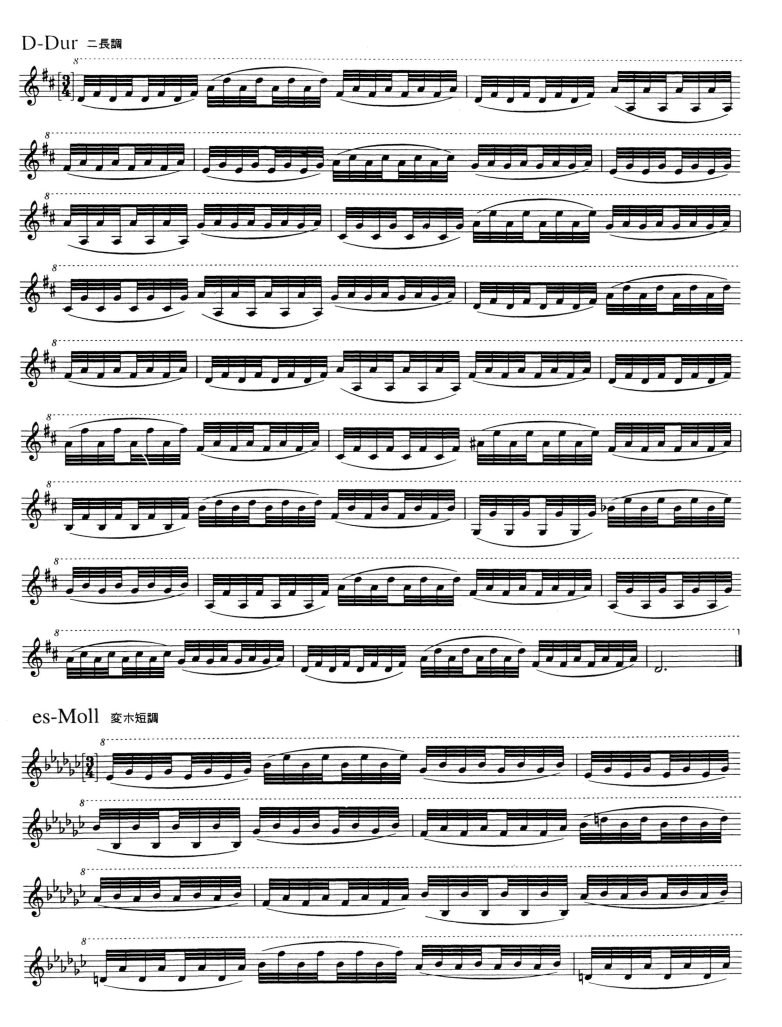

E-Dur 木長調

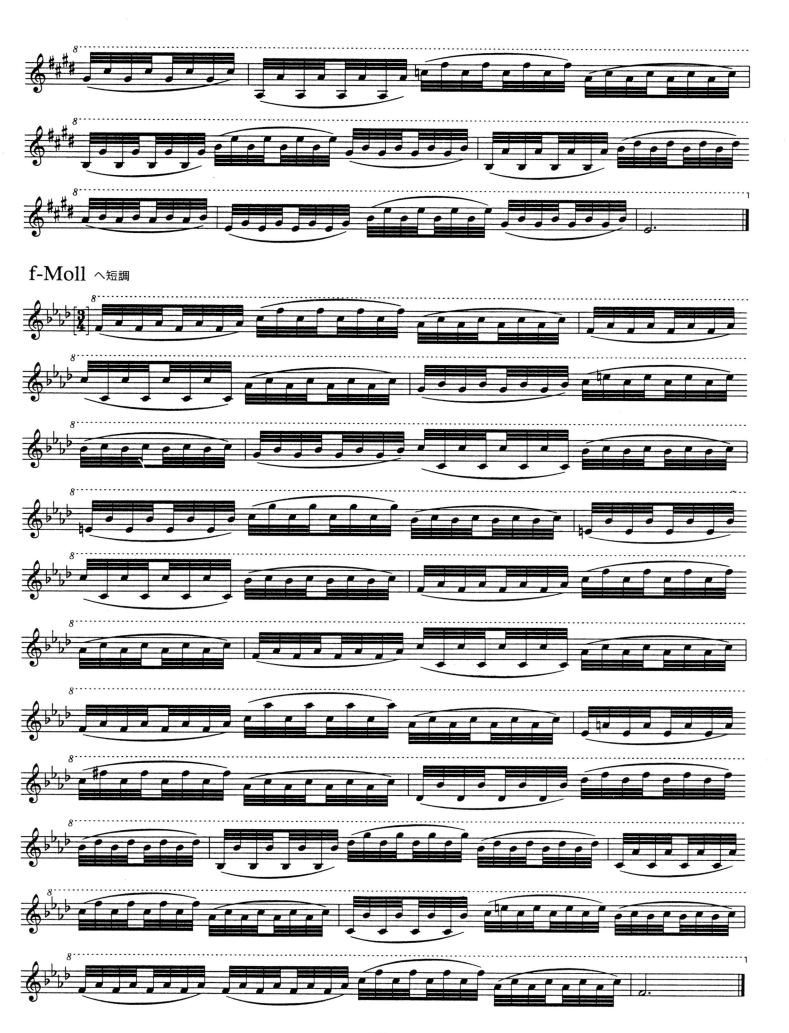

f-Moll ヘ短調

[エチュード]

M.モイーズ

次のようにも練習する：

32分音符は非常にシャープに，そして付点 8 分音符は控えめに小さく陰になるように演奏する。奏者にも聴き手にも遠くから聞こえてくるホルンの響きを思い起こさせるように，保持されたメロディーの印象をできるだけ呼び覚まさせるためである。

[エチュード]

M. モイーズ

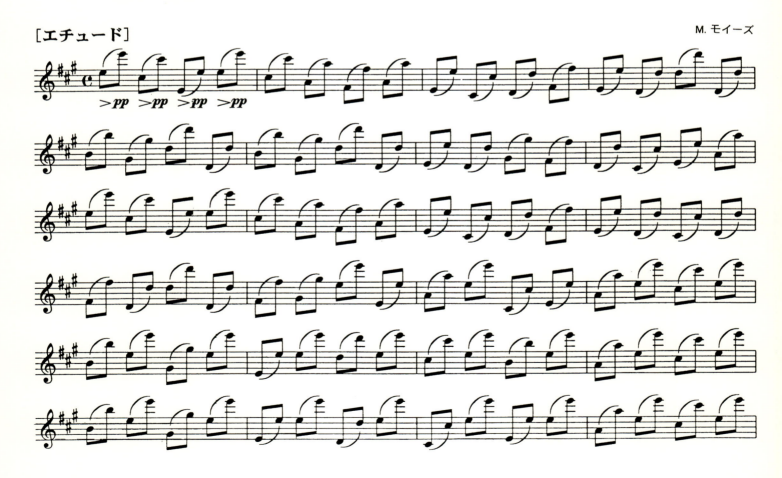

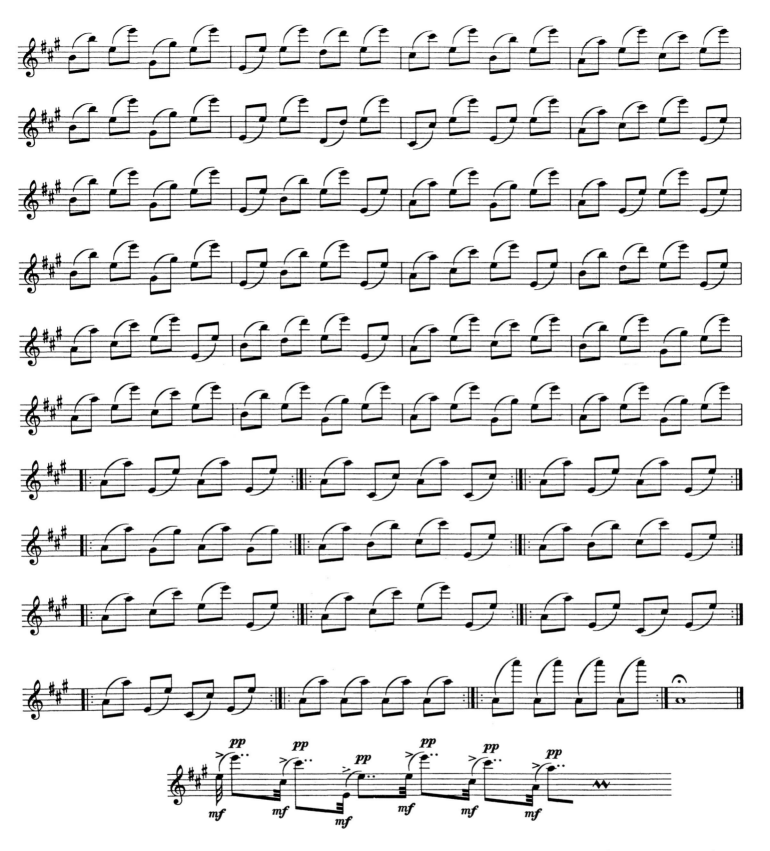

ピアニッシモは上下の唇を互いに軽く押し付けることによって得られる。そうすれば，エア・リード（息の帯）を細くすることができる。下顎でエア・リードの方向を変えて音程を補正する。メロディー・ラインを保持するためにピアニッシモの音は32分音符の箇所まで吹きのばさなければならない。

楽譜出典

Beethoven, Ludwig van	Streichquartett op. 74 (No. 10)
Boehm, Theobald	Fantaisie sur des Airs écossais op. 25 (Schott)
Boehm, Theobald	Fantaisie sur un thème de Beethoven (!) [Schubert] op. 21 (Schott)
Boehm, Theobald	Variations sur un thème favori de l'Opéra: Freischütz op. 9 (Aibl)
Boehm, Theobald	Variations brillantes sur l'air allemand „Du, Du, liegst mir am Herzen" op. 22 (Schott)
Doppler, Franz	Fantaisie pastorale hongroise op. 26 (Schott)
Fauré, Gabriel	Elégie pour Violoncelle op. 24 (Hamelle)
Fauré, Gabriel	Fantaisie op. 79 (Hamelle)
Gaubert, Philippe	Fantaisie (Salabert)
Genin, Paul-Agricola	Carnaval de Venise op. 14 (Billaudot)
Genin, Paul-Agricola	Fantaisie sur l'air de Malborough (Billaudot)
Gounod, Charles	Petite Symphonie pour 9 vents (Costallat)
Hahn, Reynaldo	Variations sur un thème de Mozart (Leduc)
Lorenzo, Leonardo de	Carnaval de Venise
Mozart, Wolfgang Amadeus	Sonate pour piano K. 331
Mozart-Moyse	Menuet de Duport K. 573 (Leduc)
Moyse, Marcel	Etudes et exercices techniques (Leduc)
Reichert, Matthieu	6 Etudes op. 5 (Schott)
Reichert, Matthieu	7 Exercices journalières op. 6 (Schott)
Saint-Saens, Camille	Romance op. 37 (Zimmermann)
Soussmann, Heinrich	24 Etudes journalières op. 53 (Leduc)
Tulou, Jean-Louis	13me Grand Solo op. 96 (Billaudot)

訳者あとがき

増永弘昭

　本書はマルセル・モイーズ著（ニコラウス・デリウス編）Comment j'ai pu maintenir ma forme (So blieb ich in Form ; How I stayed in shape) 1998 Schott Musik International, Mainz の全訳です。

　マルセル・モイーズはフルートと言う楽器を超えた伝説的巨匠で，アメリカに渡ってからもフルート以外の多くの楽器奏者たちに絶大な芸術的影響を与え，タファネルやゴーベールの後継者としてフレンチ・スクールの伝統を直接受け継ぎました。

　本書の皮肉たっぷりの文章からは，音楽に対する安易な態度に憤懣やるかたない気持ちをおさえかねている様子がうかがえ，モイーズの希有とも言える人間性と相俟って一種独特な雰囲気さえ感じとれます。ですから，今日のものに比べて音程と響きが一致していない当時の楽器にも我慢ができなかったにちがいありません。こういう困難を克服しようとする努力が単に技術練習に留まらない，音楽的に高度な課題を書かせたとも言えるでしょう。つまり，本書は音楽を豊かにすることを最終目的としてフルート演奏上の技術的側面を改善し，維持する方法を提案しているのです。モイーズは下顎で音程を補正するようにと述べています。しかし音域やオクターヴを変えることを目的として下顎を使うようにとは書いていません。跳躍を多く含む本書の課題を練習する時にはこの点に留意すべきでしょう。

　モイーズは，ヴィブラートに関して特に頁を割いています。当時は（そして今日でも）ドイツ語でDauervibratoと呼ばれる，同じ速さと深さを持つワウワウというようなヴィブラートがオーケストラプレイヤーたちを中心に平気で用いられていました。モイーズはこの種のヴィブラートを特に厳しく非難し，同時にいわゆるチリメン・ヴィブラートについても滑稽であるとさえ考えています。

訳者略歴

増永弘昭：1967年，桐朋学園大学音楽学部卒業。吉田雅夫，曽根亮一，工藤久雄の諸氏に師事。1969年よりデットモルト国立北西音楽アカデミーに留学。1971年，ヒルデスハイム市立管弦楽団に入団。1976年，北西ドイツフィルハーモニーに入団。1980年2月，帰国。それまでハンス・ペーター・シュミッツ氏に師事。

1980年度文化庁芸術祭優秀賞，1980年度中島健蔵音楽賞授賞。東京，大阪を中心に各地でリサイタルおよび室内楽などの演奏活動，ドイツ各地，シリア，韓国などからの招聘により国際的な演奏活動に活躍。

訳書：ハンス・ペター・シュミッツ著「バロック音楽のフルート奏法」
　　　ペーター・ルーカス・グラーフ著「美しいメロディーをつくるための演奏原理」
著書：ハンス・ペーター・シュミッツと共著「フルートの歌わせ方」

アンブシューア，イントネーション，ヴィブラートの練習

- ■ 著　者　マルセル・モイーズ
- ■ 訳　者　増永弘昭
- ■ 発　行　2001年9月
- ■ 発行者　南谷周三郎
- ■ 発行所　株式会社シンフォニア
　　　　　〒103-0014　東京都中央区日本橋蛎殻町1-30-4
　　　　　TEL: 03-3669-4966　FAX: 03-3664-3170

不良品はお取り替えいたします